# NOTICE

SUR

## L'ÉGLISE SAINT-SULPICE DE FAVIÈRES

MONUMENT HISTORIQUE

ET SON ANTIQUE ET CÉLÈBRE PÈLERINAGE

# NOTICE

SUR

# L'ÉGLISE S.-SULPICE DE FAVIÈRES

MONUMENT HISTORIQUE

## ET SON ANTIQUE ET CÉLÈBRE PÈLERINAGE

### PAR L'ABBÉ AMAURY,

CURÉ DE VÉTHEUIL (SEINE-ET-OISE), MISSIONNAIRE APOSTOLIQUE
MEMBRE DE LA SOCIÉTÉ FRANÇAISE D'ARCHÉOLOGIE
MEMBRE CORRESPONDANT DE LA SOCIÉTÉ LIBRE DES BEAUX-ARTS

*Instaurare omnia in Christo.*
(S. Paul aux Ephés, ch. 1, v. 10.)
Tout restaurer en Jésus-Christ

PARIS

IMPRIMERIE ADRIEN LE CLERE, RUE CASSETTE, 29.

—

1867

Vue extérieure de St-Sulpice de Favières

ÉVÊCHÉ

DE

VERSAILLES


Versailles, le 7 mars 1867.

MONSIEUR LE CURÉ,

J'ai reçu votre intéressante *Notice sur l'église St-Sulpice de Favières*. L'archéologie a compris enfin que sa plus belle mission est de reconquérir, en les exhumant d'un trop long oubli, nos antiques sanctuaires, nos célèbres pèlerinages, les faits et gestes de nos saints, en un mot tout ce passé religieux de notre France qui est et restera toujours son plus glorieux héritage. L'utilité de ces explorations locales n'est pas seulement d'élargir le domaine de la science et les horizons de l'art; elles sont surtout profitables à la religion, en détruisant dans notre société moderne les déplorables préjugés qui l'ont faite si dissemblable de l'ancienne. Je regarde comme un devoir pour moi d'encourager de tels travaux, et je suis heureux de voir des ecclésiastiques de mon diocèse s'y livrer avec quelque succès.

Recevez, Monsieur le Curé, l'expression de mes dévoués sentiments.

† PIERRE, *évêque de Versailles.*

# VIE DE S. SULPICE LE PIEUX

ARCHEVÊQUE DE BOURGES.

———

S. Sulpice, surnommé le Pieux et le Débon-
naire à cause de l'éminence de sa piété et de
l'admirable douceur de ses mœurs, naquit
vers l'an 587, d'une des premières familles
du Berry, et fut élevé avec soin dans l'étude
des sciences. Maître de son patrimoine, il le
distribua aux pauvres, et embrassa l'état
ecclésiastique.

Le roi Clotaire II, charmé de ses rares
vertus et de son mérite distingué, le choisit
pour son aumônier et le directeur des clercs
de sa chapelle royale. Ce prince, ayant été
atteint d'une grave maladie, fut guéri par les
prières et les jeûnes du saint prêtre, qui
succéda en 624 à S. Outrille archevêque de
Bourges. Dévoré d'un zèle ardent pour le salut
des Juifs vivant dans son diocèse, le pieux
pontife par ses prédications et ses saints exem-

ples les ramena dans le sein de la véritable Eglise. Il s'appliqua avec non moins d'ardeur à la réforme de la discipline ecclésiastique, procura le second concile de Mâcon, étendit son zèle et sa charité dans les provinces de France, fut le père d'un grand nombre de moines, le protecteur et le propagateur des Bénédictins. Son temps était partagé entre la prière et les fonctions de l'épiscopat. S. Sulpice a opéré des miracles signalés : rendu la vue aux aveugles, l'ouïe aux sourds, la marche aux estropiés, la vie aux morts, délivré les possédés du démon.

Ce pieux prélat fonda à Bourges un monastère portant son nom et y établit des religieux. Après avoir administré pendant vingt années, avec un zèle et un dévouement à toute épreuve, l'Église de Bourges, le pieux pontife mourut en l'année 644, et fut inhumé dans l'église du faubourg qu'il avait fait bâtir. Dieu manifesta sa sainteté et sa gloire par plusieurs miracles insignes. L'Eglise l'inscrivit au catalogue des saints et fixa sa fête au 17 janvier de chaque année.

Une portion de ses reliques était gardée à Bourges dans l'église du monastère fondé par son zèle (il est très-probable que l'église de

Bourges conserve encore ses reliques) ; une autre portion était conservée à Saint-Sulpice de Favières, et un os d'un de ses bras à Saint-Sulpice de Paris, placé sous son invocation.

PENDANT LA FÊTE ET AU PÈLERINAGE

Pour la grâce à obtenir, réciter un *Pater*, un *Ave Maria*, l'invocation : *Saint Sulpice, priez pour nous*, et l'oraison suivante :

« Faites, ô Dieu tout-puissant, que cette
« sainte solennité du bienheureux S. Sulpice,
« votre Confesseur et Pontife, augmente en
« nous l'esprit de piété et le désir de notre
« salut, par N. S. J. C. Ainsi soit-il. »

Sur la ligne du chemin de fer de Paris
à Orléans et à Vendôme à 3 kilomètres
de Chamarande et à 2 de Breuillet, à 40 kilomètres sud de Paris, dans une vallée
accidentée et pittoresque, couronnée de
rochers, de bois, de vignes et de sapins,
traversée par une petite rivière et des sources
d'eaux vives jaillissant du flanc des collines,
est située la paroisse Saint-Sulpice de
Favières, ainsi nommée de son *Patron* et
des *fèves* qu'on y récoltait en abondance, *à
copiâ fabarum ibi provenientium.* Les com-
munes de Souzy-la-Briche et de Mauchamps,
réunies pour le spirituel à Saint-Sulpice,
forment la paroisse. Le patron de l'église
paroissiale est S. Sulpice, archevêque de
Bourges. Les patrons des églises annexées
sont S. Jean-Baptiste pour Mauchamps, et
S. Martin de Tours pour Souzy. Le hameau
de la Briche avait une chapelle dédiée à

S. Gilles abbé; c'était un lieu de pèlerinage avant 93. La chapelle ayant été démolie, la statue vénérée de S. Gilles, transportée à l'église paroissiale, est l'objet de la vénération des pèlerins qui viennent implorer S. Gilles pour guérir les convulsions des enfants. Autrefois cette paroisse était du diocèse de Paris, doyenné de Monthléry; maintenant elle est du doyenné de Dourdan, diocèse de Versailles.

Près de l'église paroissiale se trouvent le parc et le château de Ségrée, ancienne propriété de M. de Lamoignon, habitée actuellement par M. Lavallée, maire de Saint-Sulpice, fondateur des écoles centrales des arts et métiers à Paris.

Le hameau de la Briche renferme le château de M. de Masis, autrefois propriété de la famille de *Saint-Pol-Mailloc*. La commune de Souzy est remarquable par ses sources, un camp de Jules César et des mosaïques récemment découvertes et qui datent de l'époque gallo-romaine.

L'étendue de la paroisse mesure 5 kilomètres de l'ouest à l'est, et 4 du nord au sud.

Mais ce qui attire et fixe l'attention du voyageur et du pèlerin arrivant dans cette vallée, ce qui amène chaque année 5 à 600

visiteurs, c'est l'église très-*vaste*, très-*haute* et
très-*belle*, étonnant et impressionnant profondément l'âme du chrétien, de l'artiste et
de l'archéologue. Etudions cette église, ses
richesses extérieures et intérieures, son patron, ses reliques et son pèlerinage célèbre.

L'église Saint-Sulpice de Favières, très-remarquable par la hauteur, la hardiesse de ses
voûtes, le fini et le travail artistique de ses
sculptures et de son architecture, est décorée
de verrières du XIII<sup>e</sup> siècle. La riche verrière
au-dessus du maître-autel représente en médaillons, du côté de l'évangile, la flagellation
de Notre-Seigneur, le portement de la croix,
le crucifiement, les saintes femmes au tombeau, le Christ assis portant dans sa main un
faisceau de flammes et sur la tête un nimbe
croisé ; du côté de l'épître, les médaillons
reproduisent la mort de S. Sulpice, la nouvelle de cette mort apportée à la reine de
France qui exprime la vivacité de sa douleur,
l'administration des derniers sacrements au
pieux archevêque, et sa sépulture. Il est entouré de clercs et de religieux.

L'intérieur de l'église comprend une nef principale et deux collatéraux non tournants. On remarque six travées de la porte principale aux marches du sanctuaire. L'abside compte cinq travées. Le pourtour extérieur du chœur et du sanctuaire présente une galerie découpée. Dans l'intérieur, trois rangs de croisées superposées et des galeries ornées de croisées élégantes et richement sculptées complètent l'intérieur de l'édifice dans la nef principale. Des faisceaux de colonnes très-élancées et bien travaillées forment un ensemble riche et magnifique de perspective et d'élévation.

Dans les deux nefs latérales, on aperçoit un rayonnement de colonnes détachées du mur d'appui, supportant des ogives et remarquables pour le fini et la délicatesse du travail ; deux rangs de stalles, avec sculpture sur bois des XIVe et XVe siècles et des sujets religieux, décorent le chœur de cette belle église. Des moines sont représentés à plusieurs reprises, ce qui indiquerait que cette église a été desservie dans les siècles passés par des moines.

La verrière de la chapelle de la très-sainte Vierge représente en médaillons les circonstances de la vie de sainte Anne, de la sainte Vierge et de Notre-Seigneur, le massacre des Innocents. Dans les petits trèfles S. Pierre tient une clef et S. Paul un glaive; dans la rosace six anges paraissent sur fond bleu : quatre portent des encensoirs, deux des chandeliers. La très-sainte Vierge, assise et couronnée, porte son divin Fils vêtu d'une robe d'or. La bordure de la verrière reproduit les tours de Castille, et les fonds sont semés de fleurs de lis d'or, d'où nous concluons que cette verrière serait un don de Blanche de Castille, mère de S. Louis.

Au grand portail sont représentés la résurrection générale et le jugement dernier. On remarque S. Michel tenant des balances qui décident du mérite de chacun : du côté droit sont les hommes destinés au paradis, et derrière eux un ange joue du violon; à la gauche de Notre-Seigneur sont les damnés, suivis d'un diable noir qui les précipite en enfer. Au centre on aperçoit huit anges jouant des instruments, et huit autres tenant des couronnes; à l'image de S. Sulpice, placée sur un riche trumeau, on lisait dans un des plis de la chape cette inscription en lettres gothiques : Adam Haste, jadis mestre de céans, a donné cette image. Outre le grand portail, il y a deux portiques latéraux, mais plus petits.

Le pilier placé près d'une porte latérale n'a pas été achevé: De là le proverbe de la contrée, en parlant d'une affaire qui ne se termine pas : « C'est comme le pilier de « Saint-Sulpice ; cela n'est pas fini, et ne « finit pas. »

Chapelle des Miracles.

La chapelle dite des *Miracles*, à cause des
guérisons miraculeuses obtenues par S. Sulpice, contient sous le tombeau de l'autel trois
reliquaires : le premier, surmonté du buste
de S.Sulpice, conserve un fragment de sa tête;
le deuxième, des reliques de Ste Julienne,
vierge et martyre, honorée dans la contrée ;
le troisième, une parcelle de S. Gilles, abbé,
vénéré particulièrement dans la paroisse.

A l'entrée de la chapelle des Miracles, un
bas-relief en pierre sculptée montre S. Sulpice, accompagné d'un religieux, bénissant
des infirmes, des boiteux, des estropiés. Dans
l'intérieur, un tableau représente le pieux
évêque avec deux clercs ressuscitant un en-
fant mort, apporté par sa mère qui à genoux
demande le prodige. De nombreux *ex-voto*
suspendus aux murailles de cette chapelle, et
attestant des guérisons miraculeuses, ont dis-
paru il y a trois ans, lors des réparations de

la chapelle ; une seule béquille échappée à la ruine est encore auprès de l'autel.

Cette chapelle pour le style architectural remonte au xii⁰ siècle. C'est l'église première de Saint-Sulpice avant la nouvelle construite au xiii⁰ siècle. Auprès de cette église était le monastère des religieux protégés par S. Sulpice, comme l'apprend l'historien de sa vie et l'enseignent les traditions locales.

Attiré par le pèlerinage de S. Yon, disciple de S. Denis, martyrisé dans ces contrées, l'archevêque de Bourges vint y établir des religieux, bâtir et bénir leur église. Près de ce sanctuaire, une habitation ancienne, vulgairement appelée le Couvent, indiquerait le premier monastère des religieux et leur oratoire.

Après la mort de S. Sulpice, une portion de son corps saint fut transférée de Bourges à *Favières*, et placée dans l'église primitivement désignée, à cause des guérisons miraculeuses, *chapelle des Miracles*.

Comment expliquer les reliques précieuses du saint archevêque de Bourges dans cet endroit, dans cette église ? comment expliquer le célèbre pèlerinage ?

Voici des raisons qui peuvent être admises :

S. Sulpice guérissant les infirmes.

S. Sulpice bénissant le roi Clotaire II

il est rapporté dans la vie de S. Sulpice et
dans les traditions locales, que le pieux archevêque fut le protecteur et le propagateur
de l'ordre des Bénédictins et d'un grand
nombre de moines. Or, les religieux, pour
vaquer plus facilement à la prière, à la médi-
tation des vérités scientifiques et religieuses,
préféraient les lieux solitaires aux centres
populeux. La vallée où fut bâti leur monastère, réunissant ces conditions, dut être pré-
férablement choisie. Selon toute probabilité,
une église fut d'abord dédiée à Dieu sous le
vocable de la très-sainte Vierge Marie, mère
de Dieu et des hommes ; au vii<sup>e</sup> siècle, S. Sulpice, venant à Paris et au tombeau de S. Yon
pour y prier, installa ses religieux, bâtit et
bénit leur église, guérit les malades et leurs
infirmités désespérées, tant était grande sa
réputation et sa sainteté d'homme de Dieu
puissant en œuvres et en paroles.

Un bas-relief en pierre sculptée représente S. Sulpice la crosse à la main et la
mitre en tête, accompagné d'un religieux : le
pieux évêque étend la main pour bénir et
guérir trois infirmes. Un autre bas-relief,
sur le trumeau de la porte du grand portail,
reproduit S. Sulpice, entouré d'un clerc,

bénissant le roi Clotaire II couché dans son lit et gravement malade ; la reine parle à S. Sulpice, et deux serviteurs sont auprès du roi. Pourquoi ces tableaux sculptés ? n'est-ce pas une preuve monumentale que S. Sulpice a béni et guéri les infirmes, les boiteux, les estropiés, et qu'il est venu dans ces contrées établir des religieux ? n'est-ce pas une preuve du crédit extraordinaire qu'il avait auprès de Dieu, pour attirer sur les hommes des faveurs privilégiées ?

Après son trépas, et sa sainteté constatée par Dieu et par l'Eglise, un temple fut édifié ; une portion de ses reliques fut apportée de Bourges à Favières, en mémoire de son passage et de la fondation des religieux dans cet endroit ; puis S. Louis, roi de France, avec la reine Blanche de Castille, sa mère, résidant au château de Monthléry situé dans le voisinage, et sachant combien S. Sulpice était cher aux rois ses ancêtres et combien son crédit était puissant auprès de Dieu, ajouta la nouvelle église avec ses majestueuses proportions et la richesse d'architecture qui en fait l'ornement de cette contrée de la France, un joyau magnifique et distingué, admiré des artistes, des archéologues, de toutes les âmes chrétiennes qui ont la science et le sentiment du beau, du bien, du noble et du grand!

Chaque année, à la fin d'août et pendant trois semaines, on célèbre la fête de la Translation des reliques de S. Sulpice, le pèlerinage, et celui de S. Gilles.

Pourquoi cette solennité, indépendamment de la fête de S. Sulpice honoré le 17 janvier de chaque année?

Pourquoi ce concours immense de pèlerins évalué à plus de 28,000 dans les siècles passés, et qui ne cesse pas, sans être toutefois aussi considérable?

Nous admettons que cette translation des reliques du saint évêque a eu lieu à l'époque de la construction de la première église, ou de la nouvelle sous le règne de S. Louis. Déposées dans l'oratoire des religieux ou dans l'église du xiie siècle, elles ont été, après la construction de la nouvelle, transférées solennellement dans le vaste et beau sanctuaire édifié par la munificence du roi S. Louis et de sa digne et vertueuse mère Blanche de Castille.

A dater de cette époque le pèlerinage s'est accru; les rois de France, déjà protégés par S. Sulpice dans la personne de Clotaire II, sont venus s'agenouiller devant son tombeau, et prier pour eux et pour la France qu'ils gouvernaient. Les sujets ont suivi l'exemple de leurs rois, et c'est ainsi qu'on explique le concours empressé de pèlerins évalué chaque année par l'abbé Lebeuf à plus de 28,000. Avant 89, ce pèlerinage était très-célèbre. On y venait de Paris, des provinces limitrophes, de toute la France. Chaque année la paroisse Saint-Sulpice de Paris envoyait une députation, et les habitants de Clamart en grand nombre imploraient la protection du saint archevêque et le remerciaient des grâces obtenues par leurs compatriotes.

Ce pèlerinage n'est point interrompu, seulement le nombre des pèlerins est moins considérable. Chaque année, après le 27 août et pendant la première quinzaine de septembre, la présence des fidèles, des malades, est un témoignage vivant de leur foi et de leur confiance en Dieu et en S. Sulpice. Ils viennent prier Dieu, par l'intercession de S Sulpice, d'avoir pitié d'eux. Les paralytiques, les personnes atteintes de douleurs, de rhumatismes, de maux d'yeux, de cécité, réclament un allégement à leurs souffrances ou leur complète guérison.

Pourquoi ce concours ne serait-il pas plus considérable? Pourquoi le nombre des pèlerins ne s'augmenterait-il pas? Pourquoi cet antique et célèbre pèlerinage ne serait-il pas remis en honneur? Pourquoi n'attirerait-il pas, comme dans les siècles passés, les pieux fidèles de la capitale, des contrées voisines, de la France entière, comme à l'époque de sa splendeur première? Pourquoi les puissants de la terre ne viendraient-ils pas solliciter, outre les grâces temporelles, les grâces et bénédictions divines qui purifient, fortifient et consolent les âmes au milieu des vicissitudes et du labeur incessant et pénible du gouvernement et de l'administration des peuples? Pourquoi les nobles, les riches, les savants, les magistrats, les hommes du commerce et de l'industrie ne viendraient-ils pas dans ce temple se sanctifier, se consoler et sanctifier leurs occupations et leurs travaux intellectuels, commerciaux, littéraires, qui intéressent le bien particulier et général du pays? Pourquoi les membres du clergé, les pasteurs des âmes ne viendraient-ils pas, en demandant à Dieu par S. Sulpice les grâces qui forment les bons, saints et zélés pasteurs, se retremper dans l'esprit sacerdotal, la vigueur apostolique, et travailler généreusement au salut et à la conquête des âmes rachetées par le sang de Jésus-Christ? Pourquoi les chrétiens de tout rang, de tout sexe, de toute condition, vivant malheureusement dans l'indifférence de leur salut éternel, dans l'oubli et le mépris des devoirs du christianisme, de la prière, de la sanctification des dimanches et des fêtes, des vertus chrétiennes, ne viendraient-ils pas se retremper au sanctuaire de Saint-Sulpice, rallumer la foi éteinte, apprendre les œuvres de la foi, la pratique des sacrements de Pénitence et d'Eucharistie, la douceur, la patience, la résignation à la sainte volonté de Dieu, la fermeté dans l'accomplissement de leurs devoirs de religion et d'état respectif? Pourquoi les âmes sincèrement chrétiennes, les âmes justes, ne viendraient-elles pas donner un exemple salutaire à cette contrée et entraîner les âmes par la prière, la pratique des sacrements et le bon exemple?

Pour réaliser ces merveilles de la foi et de la grâce, il faut la volonté unie à la grâce céleste. La grâce de Dieu ne manque jamais aux âmes droites et sincères. Elles ont les secours suffisants pour se convertir et se sauver; que la volonté humaine ne manque pas à la grâce, et les âges de foi et de piété refleuriront à Saint-Sulpice de Favières, et la contrée y gagnera immensément par les exemples de foi, de confiance et de charité, qui entraîneront les volontés et les établiront dans l'amour vrai de Dieu notre Père, de notre Sauveur du monde, de sa sainte Mère l'Immaculée Vierge Marie, mère de Dieu et des hommes, et dans la vénération filiale due à S. Sulpice, patron de la paroisse, protecteur de la contrée.

La belle et importante église de Saint-Sulpice de Favières, non terminée pour la voûte supérieure de la nef principale, qui *est* en *planches*, s'achèvera, nous l'espérons fermement, par les dons et offrandes des pèlerins, par l'obole du pauvre, la pièce d'or et d'argent du riche; les verrières réparées reprendront leur lustre primitif; l'honneur et la confiance dus à S. Sulpice, patron de la paroisse et thaumaturge, s'accroîtront dans les âmes pour l'édification générale, et Dieu sera glorifié dans ses saints, qui en formeront d'autres pour notre siècle et les siècles futurs, jusqu'au jour solennel où il se découvrira dans la splendeur de sa majesté trois fois sainte, et régnera avec ses élus dans la gloire éternelle.

Puissions-nous tous être de ce brillant cortége, pour former avec S. Sulpice une couronne de saints et de glorieux habitants du ciel !!!

S. Gilles.

# VIE DE S. GILLES

ABBÉ

S. Gilles, Grec de nation, Athénien d'origine, était de noble naissance. Son père s'appelait Théodose, et sa mère Pélagie. Dès son enfance, il s'appliqua aux œuvres de vertu et de miséricorde envers les pauvres. Se rendant à l'église, il trouva un pauvre étendu sur le carreau, qui lui demanda l'aumône. S. Gilles se dépouilla de son vêtement, le lui donna, et le pauvre fut guéri en le touchant.

Après le décès de ses parents, le serviteur de Dieu donna son patrimoine aux pauvres, et fit Notre-Seigneur Jésus-Christ son héritier universel. Dieu opéra par lui divers miracles. Revenant de l'église, S. Gilles rencontra un homme piqué d'un serpent et sur le point de mourir : par une prière il le guérit de sa piqûre venimeuse. Un jour de dimanche, un démoniaque criait et empêchait les

fidèles de prier dans l'église : S. Gilles or-
donna au malin esprit de sortir de ce corps,
et soudain il obéit.

La sainteté de S. Gilles fut divulguée par
ces miracles dans toute la Grèce. Vraiment
humble et désireux de se dérober aux applau-
dissements des hommes, il s'embarqua et
chercha un pays inconnu. Pendant la traversée, une tempête furieuse s'étant dé-
chaînée fut apaisée par ses prières. Quelques
jours après, le vaisseau aborda en Provence :
S. Gilles se rendit à la ville d'Arles, dont
S. Césaire était évêque, et demeura trois ans
auprès de ce pontife d'une rare piété et d'une
grande doctrine. Là, il guérit un malade de
fièvres malignes, invétérées depuis trois ans.
Craignant que cette guérison miraculeuse
ne l'exaltât, il passa le Rhône, demeura
quelque temps avec un ermite nommé Véré-
dame, et s'avança plus loin pour mener une
vie solitaire loin des hommes, et seul avec
Dieu.

A l'endroit où le Rhône se jette dans la
mer, S. Gilles trouva un désert écarté avec
un bocage fort épais et une caverne près
d'une claire fontaine; il y rencontra une biche
qui semblait lui avoir été envoyée du Ciel

pour le nourrir de son lait. C'est là qu'il choisit sa demeure pour vivre avec Dieu seul, loin du tumulte du monde.

Or, il arriva qu'un jour, le roi des Goths étant à la chasse, la biche chassée par les chiens se sauva dans la caverne de S. Gilles et se jeta à ses pieds pour implorer son secours. L'archer inconsidéré décocha un trait qui blessa le pieux solitaire. Les chasseurs vinrent jusqu'à la caverne et trouvèrent habillé en moine ce vénérable vieillard faisant oraison, couvert du sang de la plaie qu'il avait reçue, et la biche couchée à ses pieds. Le roi et sa suite furent d'abord étonnés. Voyant un saint homme, le roi se jeta à ses pieds, lui demanda pardon et fit panser sa blessure, malgré le saint ermite qui voulait la garder pour mériter davantage en supportant patiemment sa douleur.

Le roi visita souvent S. Gilles, et lui offrit des dons qu'il n'accepta pas. Mais il conseilla à ce prince de faire bâtir en ce désert un monastère de religieux, qui prieraient continuellement Dieu pour lui et son royaume. Le monastère fut bâti, et S. Gilles en devint abbé. Il y vécut quelques années, fut ordonné prêtre, mena une vie angélique, se rendit utile aux pécheurs en les convertissant et les ramenant sincèrement à Dieu.

Après avoir dirigé pendant quelques années son monastère, S. Gilles eut révélation de sa mort. S'étant préparé à cette heure suprême, il rendit son âme à Dieu le 1er jour de septembre, l'an de Notre-Seigneur 500, sous le pontificat du pape Symmaque et le règne de Clovis roi de France.

Pour la neuvaine de S. Gilles, dire un *Pater* et un *Ave Maria*, avec l'invocation : *S. Gilles, priez pour nous*, et la prière :

« Que l'intercession de S. Gilles abbé, nous vous en supplions, Seigneur, nous rende agréables à votre Majesté, afin que nous obtenions par ses prières les grâces que nous ne pouvons espérer de nos mérites. Par Notre-Seigneur Jésus-Christ. Ainsi soit-il. »